WORD SEARCH

Word searches are fun, first of all, once you get the low-down on

how to solve them. They also bring benefits you may

not realize and can play an important role in keeping you mentally

fit. And, you can stretch your brain another

way and try composing your own word searches.

HAPPY SEARCHING!

PUZZLE NO:1

```
A T T R A C T I V E T
P I H S D N E I R F S
B Z D L K L F N F K S
P E A Y Z L L F N B E
R M S F T N Z A Y G F
J B E K F I C T J B O
K Y S T K E L U M J R
N G S Y K V C A J J P
Z K I Z L W R T U L V
M R K O W E D I I Q K
K V V R V R X O Q O N
Y E Y O V K K N R Z N
R W L Y Q R P M Z X K
```

AFFECTION
ATTRACTIVE
FRIENDSHIP
INFATUATION
KISSES
LOVER
LOVER
PROFESS
QUALITY
RED

A T T R A C T I V E T
P I H S D N E I R F S
B Z D L K L F N F K S
P E A Y Z L L F N B E
R M S T N Z A Y G F
J B E K F I C T J B O
K Y S T K E L U M J R
N G S Y K V C A J J P
Z K I Z L W R T U L V
M R K O W E D I I Q K
K V V R V R X O Q O N
Y E Y O V K K N R Z N
R W L Y Q R P M Z X K

B D C F K B D J R S R
S D N O B L C U E E N
L C M N F G O I M T O
L N N X Z M L E P A S
M Q W H A I M L K N C
C D G W L B E K R I U
R E V E R E R Q M C L
K Q M A B G E R M S A
Z D N B H G V B N A T
M C I F R M E R C F I
E B M P K A R M J H O
Y M R Q U M C N B K N
W N Z Z N C N E R K L

AMOUR
BONDS
CUPID
EMBRACE
FASCINATE
LILIES
OSCULATION
REMEMBRANCE
REVERE
REVERE

B D C F K B D J R S **R**

S D N O **B** L C U E E N

L C M N F G O I M T **O**

L N N X Z M L E P A S

M Q W H **A** I M L K N C

C D G W **L** B E K R I U

R **E** V E R E R Q M C L

K Q M A B G E R M S A

Z D N B H G V B N A T

M C I F R M E R C **F** I

E B M P K A **R** M J H O

Y M R Q U M C N B K N

W N Z Z N **C** N E R K L

H L R M T M T N Y T L
K C E L K M K G E T Q
J G V Q B V K N Y R Y
K K O Z M Y R Z D N M
K F L T G A R E Y G A
M A R K P R T X R N E
Y V J T I O E U M W R
L O U X V S O H Y R D
Q R M E L M S J T K Y
E I D X A T Q E F O L
Q T W G R P H C S W M
C E E N A M O R E D L
S S E N R E D N E T V

AMOUR
DEVOTED
DREAMY
ENAMORED
ENRAPTURE
FAVORITE
KISSES
LOVER
MOTHER
TENDERNESS

H L R M T M T M T N Y T L
K C E L K M K G E T Q
J G V Q B V K N Y R Y
K K O Z M Y R Z D N M
K F L T G A R E Y G A E
M A R K P R T X R N R
Y V J T I O E U M W E
L O U X V S O H Y R D
Q R M E L M S J T K Y
E I D X A T Q E F O L
Q T W G R P H C S W M
C E E N A M O R E D L
S S E N R E D N E T V

Q P S T F I G C F R V
X Z C H Z C Z L R L D
V L T B L F J G P M E
E B E A U T Y N K Y V
R T J R N R K M W T O
S Y J E X U N N J H L
E D B Y R L R N J Y E
S N H B R U O T L H B
Z A Q K L S T O U G J
H C B E I W V R Z R L
L L G A M E M Z U C E
C N I N K B B Z B N Q
A L D R R M N M P Q M

ANGEL
BEAUTY
BELOVED
CANDY
GIFTS
LIAISON
LOVE
NURTURE
NURTURE
VERSES

Q P S T F I G C F R V

X Z C H Z C Z L R L D

V L T B L F J G P M E

E B E A U T Y N K Y V

R T J R N R K M W T O

S Y J E X U N N J H L

E D B Y R L R N J Y E

S N H B R U O T L H B

Z A Q K L S T O U G J

H C B E I W V R Z R L

L L G A M E M Z U C E

C N I N K B B Z B N Q

A L D R R M N M P Q M

P E K A V O N A S A C
T R A D O R A B L E J
B U C C E R O D A H V
S T V A L E N T I N O
R P K D Y F K H G R M
E A X M K K T X I Q L
W R T I C W I B M E L
O V D R D N B S G P V
L B K A J O K N S Y W
F C W T N F A V M E W
P Z C I Y X M N Q K S
H C D O J K H L H J T
K F T N G N L L G M P

ADMIRATION
ADORABLE
ADORE
ANGEL
CASANOVA
FLOWERS
KISSES
RAPTURE
RIBBON
VALENTINO

P E K A V O N A S A C
T R A D O R A B L E J
B U C C E R O D A H V
S T V A L E N T I N O
R P K D Y F K H G R M
E A X M K K T X I Q L
W R T I C W I B M E L
O V D R D N B S G P V
L B K A J O K N S Y W
F C W T N F A V M E W
P Z C I Y X M N Q K S
H C D O J K H L H J T
K F T N G N L L G M P

T S E S R E V M G R L
S W O O N N Y Q H L Z
E B M Y K R C Q E V Y
V N D X F L N R A N H
T A D D S N A R R N Y
X W L E C T F D T R K
Z H V E A D N K R K C
G Z N N R J A B N Z
K C V X A T M L L N C
B R F D F G I E M P T
N P O L W Q N N N N J
F R Q B M J M M O T R
E W G R K B K K T Y N

ADORE
ENDEARMENT
FANCY
HEART
MARRY
PLANTS
SWOON
VALENTINO
VERSES

T S E S R E V M G R L
S W O O N N Y Q H L Z
E B M Y K R C Q E V Y
V N D X F L N R A N H
T A D D S N A R R N Y
X W L E C T F D T R K
Z H V E A D N K R K C
G Z N N R J A B N Z
K C V X A T M L L N C
B R F D F G I E M P T
N P O L W Q N N N J
F R Q B M J M M O T R
E W G R K B K K T Y N

T N R J W J M S F M T
C N P A R B A C E N B
M Y E X P C R L N E P
R T W M H T D V M M R
Y W P E R D U I K L O
R Z T G I A T R T D F
L S G R T T E V O K E
E L W K H L M D B U S
W N L G T M J H N F S
E T I M N Z C K K E X
J N M W A R M T H T R
N N D E V O T I O N N
N O I T A U T A F N I

DEVOTION
ENDEARMENT
INFATUATION
JEWELRY
NIGHTTIME
PROFESS
RAPTUROUS
RIDDLE
SACHETS
WARMTH

T N R J W J M S F M T
C N P A R B A C E N B
M Y E X P C R L N E P
R T W M H T D V M M R
Y W P E R D U I K L O
R Z T G I A T R T D F
L S G R T T E V O K E
E L W K H L M D B U S
W N L G T M J H N F S
E T I M N Z C K K E X
J N M W A R M T H T R
N N D E V O T I O N N
N O I T A U T A F N I

PUZZLE NO:8

N N G N N Y T T P R R
O O R E O T S N L F B
I I F R I I E Y A X R
T T G U T L I K N K N
O C V T A A L B T Y L
V A P P R U I L S X S
E R S A A Q O N M U M
D T E R L P D B O W N
Z T S N C Q L I V G G
M A R E E F C D K K K
C K E C D E V W Q D B
T N V W R B K L C L R
K Q J P P L A N T S D

ATTRACTION
DECLARATION
DEVOTION
DOILIES
ENRAPTURE
PLANTS
PLANTS
PRECIOUS
QUALITY
VERSES

N N G N N Y T T P R R
O O R E O T S L F B
I I F R I I E A X R
T T G U T L I N K R
O C V T A A L T Y L
V A P P R U I S X S
E R S P A Q O B M U M
D T E A L D N O W N
Z T S R C L I V G G
M A R N F C D K K K
C K E E E V W Q D B
T N V W R B K L C L R
K Q J P P L A N T S D

T A K S U R P R I S E
M E R S W E E T V J W
E C M D M T M T V W N
N O N S E R T G K L H
D M Q N I N F L N U S
E M B F M K T W G U T
A I R W R Y N S O F N
R T Q Q A F N R M Y F
M M Q J H C U M T R D
E E Y D C T F G N Q D
N N P J P N Z R J R G
T T C A J R K P R Z B
K G R K Y H T U O Y N

ARDENT
CHARM
COMMITMENT
ENDEARMENT
HUGS
KISMET
RAPTUROUS
SURPRISE
SWEET
YOUTH

T	A	K	S	U	R	P	R	I	S	E
M	E	R	S	W	E	E	T	V	J	W
E	C	M	D	M	T	M	T	V	W	N
N	O	N	S	E	R	T	G	K	L	H
D	M	Q	N	I	N	F	L	N	U	S
E	M	B	F	M	K	T	W	G	U	T
A	I	R	W	R	Y	N	S	O	F	N
R	T	Q	Q	A	F	N	R	M	Y	F
M	M	Q	J	H	C	U	M	T	R	D
E	E	Y	D	C	T	F	G	N	Q	D
N	N	P	J	P	N	Z	R	J	R	G
T	T	C	A	J	R	K	P	R	Z	B
K	G	R	K	Y	H	T	U	O	Y	N

PUZZLE NO:1

```
P  I  H  S  D  N  E  I  R  F  N
K  W  L  O  V  E  R  Z  M  O  S
M  A  P  Y  R  P  L  Y  I  M  E
K  N  T  D  T  K  N  T  K  B  S
A  F  E  T  R  I  A  L  J  J  S
F  R  S  J  R  U  L  M  M  V  I
F  Z  S  X  T  A  J  A  N  F  K
E  M  E  A  H  Z  C  V  U  J  D
C  N  F  B  M  M  L  T  L  Q  H
T  N  O  K  J  O  M  L  I  R  N
I  F  R  D  V  D  M  P  X  V  N
O  D  P  E  T  H  X  Z  J  R  E
N  C  R  P  C  Q  P  K  H  L  Q
```

AFFECTION
ATTRACTIVE
FRIENDSHIP
INFATUATION
KISSES
LOVER
LOVER
PROFESS
QUALITY
RED

P I H S D N E I R **F** N
K W L O V E R Z M O S
M **A** P Y R P L Y I M E
K N T D T K N T K B S
A F E T R I A L J J S
F **R** S J R U L M M V I
F Z S X T A J A N F **K**
E M E A H Z C V U J D
C N F B M M **L** T L **Q** H
T N O K J O M L I R N
I F R D V D M P X V N
O D **P** E T H X Z J R E
N C R P C Q P K H L Q

```
X N O I T A L U C S O
R K N X M Q H F D B G
D E F N L F C T Q K M
C C A E R E V E R E Z
E N S R M T W M K N B
R A C K X B R Z B C T
E R I H D H R O T S K
V B N T J I N A E Z R
E M A K N D P I C U D
R E T P S W L U O E J
X M E C M I K M C R V
P E V T L V A J T R T
Z R H Q N J V D N V T
```

AMOUR
BONDS
CUPID
EMBRACE
FASCINATE
LILIES
OSCULATION
REMEMBRANCE
REVERE
REVERE

PUZZLE NO:12

```
G P R J W R D M T K J
R K R R V E C M W E J
F E N L T V W K N D V
P L H O C O F R F P B
N K V T Q L A K A H F
Q E I R O P M R V V Y
D F L S T M U K O T M
V F B U S O G Q R V A
K M R M M E Q D I R E
T E Q A X G S R T N R
S S E N R E D N E T D
K V M B K L J K B R Y
Y L E N A M O R E D V
```

AMOUR
DEVOTED
DREAMY
ENAMORED
ENRAPTURE
FAVORITE
KISSES
LOVER
MOTHER
TENDERNESS

G P R J W R D M T K J
R K R R V E C M W E J
F E N L T V W K N D V
P L H O C O F R F P B
N K V T Q L A K A H F
Q E I R O P M R V V Y
D F L S T M U K O T M
V F B U S O G Q R V A
K M R M M E Q D I R E
T E Q A X G S R T N R
S S E N R E D N E T D
K V M B K L J K B R Y
Y L E N A M O R E D V

PUZZLE NO:13

L M D H S T F I G E K
R Q K M L L F N Z R J
D V B E A U T Y Z U P
W E G Q V L Y G L T K
T N V J K Q W O M R Q
A Y N O F D V P Q U G
K D T U L E B R P N N
V N P F R E L N L O V
E A H B X T B M S L D
R C K M Z L U I R Z H
S M K D L M A R Y K J
E R V B L I M N E L R
S N K R L L P L Y M G

ANGEL
BEAUTY
BELOVED
CANDY
GIFTS
LIAISON
LOVE
NURTURE
NURTURE
VERSES

L M D H S T F I G E K
R Q K M L L F N Z R J
D V B E A U T Y Z U P
W E G Q V L Y G L T K
T N V J K Q W O M R Q
A Y N O F D V P Q U G
K D T U L E B R P N N
V N P F R E L N L O V
E A H B X T B M S L D
R C K M Z L U I R Z H
S M K D L M A R Y K J
E R V B L I M N E L R
S N K R L L P L Y M G

```
E L B A R O D A K R R
K K C N C M X R A Y L
D T M F O Q X P K L V
A X X C J B T Q E L K
D W S T Q U B G M N B
M E R T R K N I A X B
I R E E T A I V R P B
R O W N Y Y O S M F T
A D O H R N C L S L J
T A L K A R D Q V E G
I J F S V R K K K G S
O V A L E N T I N O Z
N C R K M Q Q Q C N F
```

ADMIRATION
ADORABLE
ADORE
ANGEL
CASANOVA
FLOWERS
KISSES
RAPTURE
RIBBON
VALENTINO

S W O O N H M J M A H
Q N H W M Z V J D T K
S E S R E V R O V P K
E S T D K Q R W H Z N
X N T G L E R F D B O
Y N D N R T H Y D L N
C C M E A Q N T X K I
N Y H L A L N N Z X T
A M E R T R P R Y N N
F N A N F B M R C L E
W K R D H G R E R Y L
P N T C R A N X N B A
G J C C M Q Q N L T V

ADORE
ENDEARMENT
FANCY
HEART
MARRY
PLANTS
SWOON
VALENTINO
VERSES

S W O O N H M J M A H
Q N H W M Z V J D T K
S E S R E V R O V P K
E S T D K Q R W H Z N
X N T G L E R F D B O
Y N D N R T H Y D L N
C C M E A Q N T X K I
N Y H L A L N N Z X T
A M E R T R P R Y N N
F N A N F B M R C L E
W K R D H G R E R Y L
P N T C R A N X N B A
G J C C M Q Q N L T V

```
F Z D K L M N W N T P
K Y T F P T M W E N M
T R P C J Q X M P E W
M L A W R F I N R M M
F E R P F T S H O R F
C W R V T A K E F A M
W E Q H C U L N E E V
K J G H T D R F S D W
M I E L D M L O S N L
N T M I R N R K U E W
S W R T K B R A L S Q
D E V O T I O N W L V
N O I T A U T A F N I
```

DEVOTION
ENDEARMENT
INFATUATION
JEWELRY
NIGHTTIME
PROFESS
RAPTUROUS
RIDDLE
SACHETS
WARMTH

F Z D K L M N W N T P
K Y T F P T M W E N M
T R P C J Q X M P E W
M L A W R F I N R M M
F E R P F T S H O R F
C W R V T A K E F A M
W E Q H C U L N E E V
K J G H T D R F S D W
M I E L D M L O S N L
N T M I R N R K U E W
S W R T K B R A L S Q
D E V O T I O N W L V
N O I T A U T A F N I

S A N N N S T N A L P
M T D E V O T I O N D
K T N W B T S Q T V E
R R T A F V E N E D C
N A Q R L T S N T B L
F C H U M P R W H S A
H T L Q A A E P U S R
W I L K P L V O G E A
J O R T T Z I G Y I T
N N U G C C W T Q L I
M R Y N E B G R Y I O
E L B R T G T C H O N
K W P R L J K L Z D M

ATTRACTION
DECLARATION
DEVOTION
DOILIES
ENRAPTURE
PLANTS
PLANTS
PRECIOUS
QUALITY
VERSES

PUZZLE NO:18

N M E A M S P R L B C
J V N Q R K G J X O Q
H Y D X A D D U M P N
L B E N H K E M H S G
J H A M C K I N U P Q
W T R D P T T O Z M
Z U M Z M L R C L M L
T O E E N U T L M N K
R Y N B T E S W E E T
N T T P M F P L X Q J
G R A S T Y Z Q K M N
K R I E S I R P R U S
M K L T Z T T F P K J

ARDENT
CHARM
COMMITMENT
ENDEARMENT
HUGS
KISMET
RAPTUROUS
SURPRISE
SWEET
YOUTH

N M E A M S P R L B C
J V N Q R K G J X O Q
H Y D X A D D U M P N
L B E N H K E M H S G
J H A M C K I N U P Q
W T R D P T T O Z M
Z U M Z M L R C L M L
T O E E N U T L M N K
R Y N B T E S W E E T
N T T P M F P L X Q J
G R A S T Y Z Q K M N
K R I E S I R P R U S
M K L T Z T T F P K J

Y T E L D D I R D K T
F E Y N Z N Z T E W R
A L K L C C V W R F R
S B B E A U T Y O L Q
C A D K L M Q E M I Y
I R T T H U R L A N T
N O M C A O H Q N G G
A D L I D S T H E T L
T A N A R N T H D F B
I T M F L J X N M R B
O M L N X O P X A Z X
N C F T T M V H T L Z
M R K K K P D E R T P

ADORABLE
ADORE
BEAUTY
ENAMORED
FASCINATION
FLING
LOVE
PLANTS
QUAINT
RIDDLE

Y T E L D D I R D K T
F E Y N Z N Z T E W R
A L K L C C V W R O R
S B B E A U T Y O F R
C A D K L M Q E M L Q
I R T T H U R L A I Y
N O M C A O H Q N N T
A D L I D S T H E G G
T A N A R N T H D F L
I T M F L J X N M R B
O M L N X O P X A Z X
N C F T T M V H T L Z
M R K K K P D E R T P

PUZZLE NO:1

```
W C M M L V P N P N G
P I H S D N E I R F N
A Z F L O V E R Q O J
F A D Y H C L N I H D
F Z T W T O H T C Z S
E D M T V I A K M K E
C E V E R U L R Z S S
T R R Z T A L A S G S
I M G A V L C E U R I
O G F K V M F T T Q K
N N N L K O R J I C X
I Q D X R J B B H V G
G R Q P T H R N D L E
```

AFFECTION
ATTRACTIVE
FRIENDSHIP
INFATUATION
KISSES
LOVER
LOVER
PROFESS
QUALITY
RED

W C M M L V P N P N G
P I H S D N E I R F N
A Z F L O V E R Q O J
F A D Y H C L N I H D
F Z T W T O H T C Z S
E D M T V I A K M K E
C E V E R U L R Z S S
T R R Z T A L A S G S
I M G A V L C E U R I
O G F K V M F T T Q K
N N N L K O R J I C X
I Q D X R J B B H V G
G R Q P T H R N D L E

```
H F R G B J X T K X R
K F A O F K L W M T E
F K N S K V R E L V M
L D N L C Y R M M D E
S K O I E I F B W L M
W P I L R J N R M L B
T K T I E R B A Y W R
P W A E V M B C T U A
Z K L S E Y N E O E N
M X U K R C R M R R C
Q B C V R K A F K X E
R L S D K D I P U C L
X R O R E V E R E C M
```

AMOUR
BONDS
CUPID
EMBRACE
FASCINATE
LILIES
OSCULATION
REMEMBRANCE
REVERE
REVERE

H F R G B J X T K X R

K F A O F K L W M T E

F K N S K V R E L V M

L D N L C Y R M M D E

S K O I E I F B W L M

W P I L R J N R M L B

T K T I E R B A Y W R

P W A E V M B C T U A

Z K L S E Y N E O E N

M X U K R C R M R R C

Q B C V R K A F K X E

R L S D K D I P U C L

X R O R E V E R E C M

X K N R F X L H Y M M
B F F V M Q L K F R X
E N A M O R E D H E P
H W V P N Y K V N V M
L G O Y K R R R F O M
Z F R H R I A P D L Y
X K I C R P S E H R M
X K T L T E T S U Q A
R Y E U G O H O E Q E
N L R R V M M T T S R
V E D E F A T F O C D
K K D K J K K M J M L
K S S E N R E D N E T

AMOUR
DEVOTED
DREAMY
ENAMORED
ENRAPTURE
FAVORITE
KISSES
LOVER
MOTHER
TENDERNESS

X K N R F X L H Y M M
B F F V M Q L K F R X
E N A M O R E D H E P
H W V P N Y K V N V M
L G O Y K R R R F O M
Z F R H R I A P D L Y
X K I C R P S E H R M
X K T L T E T S U Q A
R Y E U G O H O E Q E
N L R R V M M T T S R
V E D E F A T F O C D
K K D K J K K M J M L
K S S E N R E D N E T

J Y K K M V W L K D X
P D Y Z J E B N L E Z
P N X F L R O L H V L
V A K Y Y S J F R O C
W C Y M I E T Q V L X
N K T A E S B E R E G
Z U I G L R C V M B R
B L R N L L U J T Z C
H G F T E T S T F I G
Z M V G U M H Q R L P
L J N X C R N R X U H
N A W L N Y E K Q D N
Q H Q B E A U T Y F L

ANGEL
BEAUTY
BELOVED
CANDY
GIFTS
LIAISON
LOVE
NURTURE
NURTURE
VERSES

J Y K K M V W L K D X
P D Y Z J E B N L E Z
P N X F L R O L H V L
V A K Y Y S J F R O C
W C Y M I E T Q V L X
N K T A E S B E R E G
Z U I G L R C V M B R
B L R N L L U J T Z C
H G F T E T S T F I G
Z M V G U M H Q R L P
L J N X C R N R X U H
N A W L N Y E K Q D N
Q H Q B E A U T Y F L

A R R T F R L X H R N
P V N L T E B C M N T
A K O T G L P K M E C
D M M N J D G P R G A
M M A P A Q M U Y D Z
I S N N J S T D O R L
R R O T K P A R N Z J
A E B T A I A C D C V
T W B R G B S L X H J
I O I T L G H S X B P
O L R E L V F B E Z X
N F K Y E R O D A S N
K J V A L E N T I N O

ADMIRATION
ADORABLE
ADORE
ANGEL
CASANOVA
FLOWERS
KISSES
RAPTURE
RIBBON
VALENTINO

L V Z B Z T G A Q H K
T V J M M H D Q T Y K
V K S W O O N R Z Y H
A C B G R Y J R Y F C
L F G E K C M R T Q V
E Q M T K N R Q P N B
N S R K Q A N S G X K
T H E Q M F D T H G H
I T E S Z T N Z Y R
N T F A R V D A T R X
O M Y J R E L L Q J R
W L G F T T V P T M K
B T N E M R A E D N E

ADORE
ENDEARMENT
FANCY
HEART
MARRY
PLANTS
SWOON
VALENTINO
VERSES

L V Z B Z T G A Q H K

T V J M M H D Q T Y K

V K S W O O N R Z Y H

A C B G R Y J R Y F C

L F G E K C M R T Q V

E Q M T K N R Q P N B

N S R K Q A N S G X K

T H E Q M F D T H G H

I T E S Z T T N Z Y R

N T F A R V D A T R X

O M Y J R E L L Q J R

W L G F T T V P T M K

B T N E M R A E D N E

Y H R A P T U R O U S
R J I K Y Z W H M P X
N N N M V Y A F J J G
X I F K H R R K V T Z
S G A L F L M P H P R
T H T M D E T B P N R
E T U F V W H K O Y Y
H T A R N E D I B H C
C I T T B J T N N W L
A M I T T O M Y B M N
S E O Q V R I D D L E
X M N E S S E F O R P
E N D E A R M E N T K

DEVOTION
ENDEARMENT
INFATUATION
JEWELRY
NIGHTTIME
PROFESS
RAPTUROUS
RIDDLE
SACHETS
WARMTH

Y H R A P T U R O U S

R J I K Y Z W H M P X

N N N M V Y A F J J G

X I F K H R R K V T Z

S G A L F L M P H P R

T H T M D E T B P N R

E T U F V W H K O Y Y

H T A R N E D I B H C

C I T T B J T N N W L

A M I T T O M Y B M N

S E O Q V R I D D L E

X M N E S S E F O R P

E N D E A R M E N T K

S A N N N S T N A L P
M T D E V O T I O N D
K T N W B T S Q T V E
R R T A F V E N E D C
N A Q R L T S N T B L
F C H U M P R W H S A
H T L Q A A E P U S R
W I L K P L V O G E A
J O R T T Z I G Y I T
N N U G C C W T Q L I
M R Y N E B G R Y I O
E L B R T G T C H O N
K W P R L J K L Z D M

ATTRACTION
DECLARATION
DEVOTION
DOILIES
ENRAPTURE
PLANTS
PLANTS
PRECIOUS
QUALITY
VERSES

N M R M H Q V V V H C
N T T R T M N B H Q C
S N K A U C F R S O N
Q G V H O F F U M Y E
P G U C Y P O M V V N
W R L H L R I G T F D
G P N H U T F E Z X E
L X L T M A M K Q V A
M T P E T S R M C P R
N A N L I X W D D G M
R T K K G N W D E K E
E S I R P R U S K N N
N P F T K Y S W E E T

ARDENT
CHARM
COMMITMENT
ENDEARMENT
HUGS
KISMET
RAPTUROUS
SURPRISE
SWEET
YOUTH

N M R M H Q V V V H C
N T T R T M N B H Q C
S N K A U C F R S O N
Q G V H O F F U M Y E
P G U C Y P O M V V N
W R L H L R I G T F D
G P N H U T F E Z X E
L X L T M A M K Q V A
M T P E T S R M C P R
N A N L I X W D D G M
R T K K G N W D E K E
E S I R P R U S K N N
N P F T K Y S W E E T

P K J L Q W C J T P F
Y W L M F D G P C J L
E L K W Y E L G S J I
L D T D K H L T Y E N
B E L L R J N D R B G
A R M G Q A J O D G Q
R O G J L Z D Q Z I T
O M D P X A U L Y N R
D A C Y N A K W O C K
A N Z N I T H M T V T
T E N N B L M L G Z E
M V T F B E A U T Y M
N O I T A N I C S A F

ADORABLE
ADORE
BEAUTY
ENAMORED
FASCINATION
FLING
LOVE
PLANTS
QUAINT
RIDDLE

P L O V E R B L N Z N
I A K Z K D F N Q O J
H F Z G C T Y U I X P
S F G X R B A T D E R
D E X F K L A H V Z O
N C T K I U O I K K F
E T X T T K T V M L E
I I Y A G C S C E L S
R O F C A X E M H R S
F N R R W L S M B X T
I V T Z L J S K Y M J
N T P D E R I N G T L
A C B N Q R K R Z C B

AFFECTION
ATTRACTIVE
FRIENDSHIP
INFATUATION
KISSES
LOVER
LOVER
PROFESS
QUALITY
RED

M R P F K R M M V B W
R K D I P U C C F F E
O Q L R R R N B A K C
S E R H U D O E S D N
C M M O T N G R C T A
U H M B D M C E I Y R
L A L S R M V V N K B
A V I T Z A L E A X M
T N L T L N C R T T E
I X I X R W V E E V M
O M E Q L R E V E R E
N F S J C L M R M L R
B W N N V W N F K Q T

AMOUR
BONDS
CUPID
EMBRACE
FASCINATE
LILIES
OSCULATION
REMEMBRANCE
REVERE
REVERE

M R P F K R M M V B W

R K D I P U C C F F E

O Q L R R N B A K C

S E R H U D O E S D N

C M M O T N G R C T A

U H M B D M C E I Y R

L A L S R M V V N K B

A V I T Z A L E A X M

T N L T L N C R T T E

I X I X R W V E E V M

O M E Q L R E V E R E

N F S J C L M R M L R

B W N N V W N F K Q T

N F D J T W Y G D Q R
Z F Z T R W B E M U N
J K M R M E T L O K E
T R X N R O H M R N Y
R E K B V K A T R N M
F V C E R B I A O M A
A O D Q R M P S W M E
V L B T J T G C S Q R
O G K T U F T W C E D
R P N R R R T K Z H S
I K E N A M O R E D P
T T L J M K M F N R F
E S S E N R E D N E T

AMOUR
DEVOTED
DREAMY
ENAMORED
ENRAPTURE
FAVORITE
KISSES
LOVER
MOTHER
TENDERNESS

N F D J T W Y G D Q R
Z F Z T R W B E M U N
J K M R M E T L O K E
T R X N R O H M R N Y
R E K B V K A T R N M
F V C E R B I A O M A
A O D Q R M P S W M E
V L B T J T G C S Q R
O G K T U F T W C E D
R P N R R R T K Z H S
I K E N A M O R E D P
T T L J M K M F N R F
E S S E N R E D N E T

```
H T L S T F I G K V F
B E A U T Y N N R E N
L R K K J X O N R R Y
D N E T N S T H H S C
E F L R I U J W K E M
V B P A U T R K K S P
O T I L M T T T L Q P
L L N F Y Y R E U R Y
E W R P D T G U V R V
B L M L N N K L N K E
G M R K A Z O L R L Z
N L M G C V H C B Q Y
Q P R K E M N K M Y W
```

ANGEL
BEAUTY
BELOVED
CANDY
GIFTS
LIAISON
LOVE
NURTURE
NURTURE
VERSES

H T L S T F I G K V F
B E A U T Y N N R E N
L R K K J X O N R R Y
D N E T N S T H H S C
E F L R I U J W K E M
V B P A U T R K K S P
O T I L M T T T L Q P
L L N F Y Y R E U R Y
E W R P D T G U V R V
B L M L N N K L N K E
G M R K A Z O L R L Z
N L M G C V H C B Q Y
Q P R K E M N K M Y W

E R O D A V K R H L V
V A L E N T I N O R C
H D K C R B S X C F K
L M Y N B M R T H G A
L I C O H V E Y M E V
J R N P Q C W D P L O
F A R E D K O Q J B N
M T K B R M L F N A A
V I B I C U F L L R S
N O N T S K T E Z O A
R N C T B S G P L D C
R N L P R N E N A A M
V V K K A V R S F R T

ADMIRATION
ADORABLE
ADORE
ANGEL
CASANOVA
FLOWERS
KISSES
RAPTURE

```
F C F J X L G V D K P
B X P E R O D A M P H
N E N S W O O N N D R
M S N S W J B F X T C
N T K D E N Y Z Y F V
V N C B E S K R L A T
D A Q H B A R T L H V
P L V E B A R E N J Z
K P T A M B N M V Y Q
W V D R G T X G E C P
D W X T I P R Z F N T
D C F N R G F T M A T
V N O B T F G Z M F J
```

ADORE
ENDEARMENT
FANCY
HEART
MARRY
PLANTS
SWOON
VALENTINO
VERSES

F C F J X L G V D K P
B X P E R O D A M P H
N E N S W O O N N D R
M S N S W J B F X T C
N T K D E N Y Z Y F V
V N C B E S K R L A T
D A Q H B A R T L H V
P L V E B A R E N J Z
K P T A M B N M V Y Q
W V D R G T X G E C P
D W X T I P R Z F N T
D C F N R G F T M A T
V N O B T F G Z M F J

PUZZLE NO:56

R V E M R K F S X E Y
M A V L W Q A K M Y V
N C P D D C J I W R L
O R T T H D T L P L K
I C L E U T I H R E W
T G T C H R L R O W Y
A S G G T G O M F E R
U N I Y N Z P U E J B
T N K Q R R P P S W K
A F D H P Q Y L S F L
F D E V O T I O N T F
N E N D E A R M E N T
I K C R R H T M R A W

DEVOTION
ENDEARMENT
INFATUATION
JEWELRY
NIGHTTIME
PROFESS
RAPTUROUS
RIDDLE
SACHETS
WARMTH

M L R J M M C V J V L
K P R E C I O U S E N
D J B T X K F K N O O
S E T H V Z Q R I N I
E S V L F T A T Q C T
S R T O V P A N U T C
R K N N T R C N A T A
E Z R U A I R M L C R
V G R L Z L O N I J T
K E C J Q M P N T N T
R E R N M Z M C Y C A
D K K S T N A L P Y P
R Z D O I L I E S M K

ATTRACTION
DECLARATION
DEVOTION
DOILIES
ENRAPTURE
PLANTS
PLANTS
PRECIOUS
QUALITY
VERSES

M L R J M M C V J V L
K P R E C I O U S E N
D J B T X K F K N O O
S E T H V Z Q R I N I
E S V L F T A T Q C T
S R T O V P A N U T C
R K N N T R C N A T A
E Z R U A I R M L C R
V G R L Z L O N I J T
K E C J Q M P N T N T
R E R N M Z M C Y C A
D K K S T N A L P Y P
R Z D O I L I E S M K

```
R L M W Z V D F L T T
E B N S C Q S W E E T
N T W K G N R M H R S
D R C H Q U S M P U K
E L K T Y I H C O G S
A Q T U K L J R X U R
R R N O Z L U K R K Y
M H D Y N T M P B L L
E B R E P D R N Y Z Y
N T M A N I A N R B T
T M R G S T H T G Q C
W B L E H R C C Z M D
T N E M T I M M O C Z
```

ARDENT
CHARM
COMMITMENT
ENDEARMENT
HUGS
KISMET
RAPTUROUS
SURPRISE
SWEET
YOUTH

R L M W Z V D F L T T
E B N S C Q S W E E T
N T W K G N R M H R S
D R C H Q U S M P U K
E L K T Y I H C O G S
A Q T U K L J R X U R
R R N O Z L U K R K Y
M H D Y N T M P B L L
E B R E P D R N Y Z Y
N T M A N I A N R B T
T M R G S T H T G Q C
W B L E H R C C Z M D
T N E M T I M M O C Z

M Q L T H E K B M G F
Y E V O R M F M Y Q C
L P L O V R L L Q R E
D L D D N E I R Z D L
T A Z R D Z N N P E B
X M F K W I G M D R A
V G T B L L R S Q O R
B E A U T Y T U V M O
Y K P N J N A P L A D
H F D B A I C W G N A
T R T L N K Y K H E L
H L P T L B H B G T D
N O I T A N I C S A F

ADORABLE
ADORE
BEAUTY
ENAMORED
FASCINATION
FLING
LOVE
PLANTS
QUAINT
RIDDLE

M Q L T H E K B M G F
Y E V O R M F M Y Q C
L P L O V R L L Q R E
D L D D N E I R Z D L
T A Z R D Z N N P E B
X M F K W I G M D R A
V G T B L L R S Q O R
B E A U T Y T U V M O
Y K P N J N A P L A D
H F D B A I C W G N A
T R T L N K Y K H E L
H L P T L B H B G T D
N O I T A N I C S A F

```
T T Y H Y X F N N F M
X E Q H R M P M R B V
F V R L B L X D Q L N
R I L O V E R U R O T
I T K L X P A N I X S
E C S L O L L T B T E
N A C S I V A W F X S
D R K T E U E L N D S
S T Y Q T F H R E K I
H T N A L D O R K B K
I A F D W X L R M G Q
P N V F G M N M P C F
I H N O I T C E F F A
```

AFFECTION
ATTRACTIVE
FRIENDSHIP
INFATUATION
KISSES
LOVER
LOVER
PROFESS
QUALITY
RED

T T Y H Y X F N N F M
X E Q H R M P M R B V
F V R L B L X D Q L N
R I L O V E R U R O T
I T K L X P A N I X S
E C S L O L L T B T E
N A C S I V A W F X S
D R K T E U E L N D S
S T Y Q T F H R E K I
H T N A L D O R K B K
I A F D W X L R M G Q
P N V F G M N M P C F
I H N O I T C E F F A

X N M P T B M N S J R
M J F N B Q K E P E H
Y F D A K M I T M M N
S B X T S L L E M B F
L D M R I C M D M R Y
D I N L M B I N M A E
D P W O R K R N B C R
F U P A B U N K A E E
T C N T O C X J N T V
R C Z M R E V E R E E
E C A M J P R N J K R
D H R Q H J T R Q B T
N O I T A L U C S O G

AMOUR
BONDS
CUPID
EMBRACE
FASCINATE
LILIES
OSCULATION
REMEMBRANCE
REVERE
REVERE

X N M P T B M N S J R
M J F N B Q K E P E H
Y F D A K M I T M M N
S B X T S L L E M B F
L D M R I C M D M R Y
D I N L M B I N M A E
D P W O R K R N B C R
F U P A B U N K A E E
T C N T O C X J N T V
R C Z M R E V E R E E
E C A M J P R N J K R
D H R Q H J T R Q B T
N O I T A L U C S O G

```
N  F  D  J  T  W  Y  G  D  Q  R
Z  F  Z  T  R  W  B  E  M  U  N
J  K  M  R  M  E  T  L  O  K  E
T  R  X  N  R  O  H  M  R  N  Y
R  E  K  B  V  K  A  T  R  N  M
F  V  C  E  R  B  I  A  O  M  A
A  O  D  Q  R  M  P  S  W  M  E
V  L  B  T  J  T  G  C  S  Q  R
O  G  K  T  U  F  T  W  C  E  D
R  P  N  R  R  R  T  K  Z  H  S
I  K  E  N  A  M  O  R  E  D  P
T  T  L  J  M  K  M  F  N  R  F
E  S  S  E  N  R  E  D  N  E  T
```

AMOUR
DEVOTED
DREAMY
ENAMORED
ENRAPTURE
FAVORITE
KISSES
LOVER
MOTHER
TENDERNESS

N F D J T W Y G D Q R
Z F Z T R W B E M U N
J K M R M E T L O K E
T R X N R O H M R N Y
R E K B V K A T R N M
F V C E R B I A O M A
A O D Q R M P S W M E
V L B T J T G C S Q R
O G K T U F T W C E D
R P N R R R T K Z H S
I K E N A M O R E D P
T T L J M K M F N R F
E S S E N R E D N E T

N D R B E A U T Y T C
D E Y N Y H C K L Q C
H T R Y U T Z E L K D
N M G U F R G V L X C
F D B L T N T O T X T
C E K V A R V U N V R
V V Y L Z E U O R T D
T O D Q N W S N P E V
R L N F G I R D L N E
C E A Y A S T F I G R
C B C I L K K F G N S
P J L L H W N Z N Y E
Z Y P F N H J R H M S

ANGEL
BEAUTY
BELOVED
CANDY
GIFTS
LIAISON
LOVE
NURTURE
NURTURE
VERSES

N D R B E A U T Y T C
D E Y N Y H C K L Q C
H T R Y U T Z E L K D
N M G U F R G V L X C
F D B L T N T O T X T
C E K V A R V U N V R
V V Y L Z E U O R T D
T O D Q N W S N P E V
R L N F G I R D L N E
C E A Y A S T F I G R
C B C I L K K F G N S
P J L L H W N Z N Y E
Z Y P F N H J R H M S

L M P N Z T N K L Z A
E L B A R O D A X D D
F V A L E N T I N O M
C K T H X H N S N Q I
T L Q J T R R R L M R
K T N L T A B E R A A
N I M O P X G W V C T
G B S T B N P O K E I
N L U S A B N L N R O
K R W W E A I F T O N
E P D Y S S G R B D J
P T L A L T J L J A R
T W C K Q W D W V N W

ADMIRATION
ADORABLE
ADORE
ANGEL
CASANOVA
FLOWERS
KISSES
RAPTURE
RIBBON
VALENTINO

PUZZLE NO:45

L E K N L D F Z T K C
G T N X T J M W M R Y
R F S D S E S R E V M
H T B T E N S W O O N
M V T C N A L Y P M T
Y A N V J A R L N J C
Y L F M Q R L M Z H K
C E T B A M H P E A M
N N P M G D E X D N T
A T K B J J A O M F T
F I M K N T R W M Y X
T N J Z B E T L P Q J
X O M X W N Q D M L Z

ADORE
ENDEARMENT
FANCY
HEART
MARRY
PLANTS
SWOON
VALENTINO
VERSES

L E K N L D F Z T K C
G T N X T J M W M R Y
R F S D S E S R E V M
H T B T E N S W O O N
M V T C N A L Y P M T
Y A N V J A R L N J C
Y L F M Q R L M Z H K
C E T B A M H P E A M
N N P M G D E X D N T
A T K B J J A O M F T
F I M K N T R W M Y X
T N J Z B E T L P Q J
X O M X W N Q D M L Z

P P I W K L P V T P B
Q E N V E L D D I R W
P M F N P F G F D A V
S I A Q M R L M R V N
A T T K Y Q O M G O G
C T U L R T T F I F M
H H A L L H L T E Z Y
E G T Q E M O Y Q S G
T I I L W V W G T N S
S N O Q E J R M N M K
Q P N D J H F T K F K
E N D E A R M E N T K
G R R A P T U R O U S

DEVOTION
ENDEARMENT
INFATUATION
JEWELRY
NIGHTTIME
PROFESS
RAPTUROUS
RIDDLE
SACHETS
WARMTH

PUZZLE NO:47

Q S D X H M Y N L D N
U E D H Y T K Q N O F
A S L E G N M L I T S
L R E N V P J T K X T
I E C I L O A P Y T N
T V Y A L R T M Z K A
Y W N N A I R I N N L
K T F L L V O L O P P
S W C D Y H D D T N M
G E W L K G J N P W R
D Y N P R E C I O U S
M E R U T P A R N E M
N O I T C A R T T A G

ATTRACTION
DECLARATION
DEVOTION
DOILIES
ENRAPTURE
PLANTS
PLANTS
PRECIOUS
QUALITY
VERSES

V T W W R Q M T G B T
W K T K M T N S Y K Y
N S W E E T U J S Q E
M Y G M A R W U T H N
T R S T P R O G R T D
C I K R X R D M J U E
K B I X U M S E M O A
Z S P T M R Y G N Y R
E G P X W A D X U T M
R A C T T H L K M H E
R Z F L C C W K B N N
L H F Y M B R D Q J T
T N E M T I M M O C L

ARDENT
CHARM
COMMITMENT
ENDEARMENT
HUGS
KISMET
RAPTUROUS
SURPRISE
SWEET
YOUTH

V T W W R Q M T G B T
W K T K M T N S Y K Y
N S W E E T U J S Q E
M Y G M A R W U T H N
T R S T P R O G R T D
C I K R X R D M J U E
K B I X U M S E M O A
Z S P T M R Y G N Y R
E G P X W A D X U T M
R A C T T H L K M H E
R Z F L C C W K B N N
L H F Y M B R D Q J T
T N E M T I M M O C L

M R L M E L D D I R R
Q F G O B E A U T Y N
J L E V V V T R Y Q O
X I L L E E Y T U V I
H N C R B D Z A P M T
K G O D P A I K V Y A
Q D F E R N R H Z M N
A P M R T R S O Q Q I
M L K O M T L W D W C
G M J M N C W H Z A S
R W T A K W K M T J A
L B L N R D N Z Z L F
B P K E B G D N C D B

ADORABLE
ADORE
BEAUTY
ENAMORED
FASCINATION
FLING
LOVE
PLANTS
QUAINT
RIDDLE

```
D M C L L G W J Y V N
R N K K H R F L L O A
Y T I L A U Q Y I P F
A L O V E R L T S I F
T T M Z L M A B E H E
S H T K M U F H S S C
M S R R T K R N S D T
K Z E A A L X X I N I
T N F F O C X X K E O
K N Q V O T T D N I N
I V E K Q R E I M R R
T R T H Y R P R V F T
N Z M N Q T N K F E F
```

AFFECTION
ATTRACTIVE
FRIENDSHIP
INFATUATION
KISSES
LOVER
LOVER
PROFESS
QUALITY
RED

D M C L L G W J Y V N
R N K K H R F L L O A
Y T I L A U Q Y I P F
A L O V E R L T S I F
T T M Z L M A B E H E
S H T K M U F H S S C
M S R R T K R N S D T
K Z E A L X X I N I
T N F F O C X X K E O
K N Q V O T T D N I N
I V E K Q R E I M R R
T R T H Y R P R V F T
N Z M N Q T N K F E F

```
Y  Y  H  K  R  E  V  E  R  E  N
L  S  E  I  L  I  L  B  M  O  K
Y  R  G  H  T  J  B  H  I  E  Z
V  D  I  P  U  C  K  T  R  C  E
F  K  B  T  B  L  A  G  X  N  M
N  A  H  F  V  L  Q  E  H  A  B
H  R  S  N  U  R  X  R  N  R  R
M  J  T  C  U  K  B  E  K  B  A
L  Q  S  O  I  B  K  V  C  M  C
K  O  M  N  O  N  M  E  L  E  E
F  A  V  N  M  H  A  R  Y  M  G
M  R  D  J  D  T  H  T  N  E  M
D  S  K  W  M  N  F  W  E  R  N
```

AMOUR
BONDS
CUPID
EMBRACE
FASCINATE
LILIES
OSCULATION
REMEMBRANCE
REVERE
REVERE

Y Y H K R E V E R E N

L S E I L I L B M O K

Y R G H T J B H I E Z

V D I P U C K T R C E

F K B T B L A G X N M

N A H F V L Q E H A B

H R S N U R X R N R R

M J T C U K B E K B A

L Q S O I B K V C M C

K O M N O N M E L E E

F A V N M H A R Y M G

M R D J D T H T N E M

D S K W M N F W E R N

N F D J T W Y G D Q R
Z F Z T R W B E M U N
J K M R M E T L O K E
T R X N R O H M R N Y
R E K B V K A T R N M
F V C E R B I A O M A
A O D Q R M P S W M E
V L B T J T G C S Q R
O G K T U F T W C E D
R P N R R R T K Z H S
I K E N A M O R E D P
T T L J M K M F N R F
E S S E N R E D N E T

AMOUR
DEVOTED
DREAMY
ENAMORED
ENRAPTURE
FAVORITE
KISSES
LOVER
MOTHER
TENDERNESS

N F D J T W Y G D Q R
Z F Z T R W B E M U N
J K M R M E T L O K E
T R X N R O H M R N Y
R E K B V K A T R N M
F V C E R B I A O M A
A O D Q R M P S W M E
V L B T J T G C S Q R
O G K T U F T W C E D
R P N R R R T K Z H S
I K E N A M O R E D P
T T L J M K M F N R F
E S S E N R E D N E T

L R Z B W N X T Y V K
H R H N P R X K G E C
E B E A U T Y N Y R R
Y R Z G W Z O Y P S G
L N U M V S P D K E W
H C L T I N C N G S L
D G N A R L T A L L N
E L I U E U X C O R C
V L J G R T N V Y C C
O Q N M P T E M H R L
L A T Q T Q U X K C L
E M F L Q W W R B F V
B S T F I G K W E T N

ANGEL
BEAUTY
BELOVED
CANDY
GIFTS
LIAISON
LOVE
NURTURE
NURTURE
VERSES

L R Z B W N X T Y V K
H R H N P R X K G E C
E B E A U T Y N Y R R
Y R Z G W Z O Y P S G
L N U M V S P D K E W
H C L T I N C N G S L
D G N A R L T A L L N
E L I U E U X C O R C
V L J G R T N V Y C C
O Q N M P T E M H R L
L A T Q T Q U X K C L
E M F L Q W W R B F V
B S T F I G K W E T N

```
L M T K G T W V K A X
A V O N A S A C M D H
Y X X K R R V X P M K
E R U T P A R Z C I W
R K G N L R A C A R N
P L I E R D T D R A L
Y H G S O R O L S T N
X N L R S R L T R I N
A H E P A E T K E O O
V C Y B R M S M W N B
V A L E N T I N O L B
R E T Y K W C R L M I
F H R P K N J B F Q R
```

ADMIRATION
ADORABLE
ADORE
ANGEL
CASANOVA
FLOWERS
KISSES
RAPTURE
RIBBON
VALENTINO

L M T K G T W V K A X

A V O N A S A C M D H

Y X X K R R V X P M K

E R U T P A R Z C I W

R K G N L R A C A R N

P L I E R D T D R A L

Y H G S O R O L S T N

X N L R S R L T R I N

A H E P A E T K E O N

V C Y B R M S M W N B

V A L E N T I N O L B

R E T Y K W C R L M I

F H R P K N J B F Q R

S S W O O N L A X V R
X T Y M Z X D H G V D
E V N J M O Y P R L N
X N R A R Q C F K R Y
J V D E L C N X V R R
G A K E D P A T R R T
K L T M A R F A L G T
D E Q Y Y R M R M T L
D N Z H M H M B K L M
V T M E T K V E N J B
H I L A T L B N N M N
Z N D R W V H M B T D
D O R T S E S R E V R

ADORE
ENDEARMENT
FANCY
HEART
MARRY
PLANTS
SWOON
VALENTINO
VERSES

```
N O I T A U T A F N I
D E V O T I O N C H E
Y E Y W P H M C M N C
T L R H R R M X D N E
G D L K T Z O E V M Z
J D E V R M A F I T F
S I W T V R R T E L T
A R E R M Y T A L S F
C C J E H H T Z W Y S
H X N L G P C T W B N
E T N I R D V J L N R
T D N Z T V N L T J M
S D R A P T U R O U S
```

DEVOTION
ENDEARMENT
INFATUATION
JEWELRY
NIGHTTIME
PROFESS
RAPTUROUS
RIDDLE
SACHETS
WARMTH

PUZZLE NO:57

```
F C G D L Y V R R M P
M R S C E J W X N L N
D J E Y K V D Z A O N
S Q S H P X O N I Q N
T U R K B B T T Y O X
N A E S V S A H I X C
A L V L E R Q T C O Z
L I C X A I C N F N N
P T D L M A L R B B J
T Y C P R E C I O U S
W E L T K T Y T O X P
D R T M L M Q K V D J
L A E R U T P A R N E
```

ATTRACTION
DECLARATION
DEVOTION
DOILIES
ENRAPTURE
PLANTS
PLANTS
PRECIOUS
QUALITY
VERSES

F C G **D** L Y V R R M **P**

M R S C E J W X N L N

D J E Y K V D Z A O N

S **Q** S H P X O N I Q N

T U R K B B T T Y O X

N A E S V S A H I X C

A L V L E R Q T C O Z

L I C X A I C N F N N

P T D L M A L R B B J

T Y C **P** R E C I O U S

W E L T K T Y T O X P

D R T M L M Q K V **D** J

L **A** E R U T P A R N **E**

PUZZLE NO:58

R S Y R A C R Y H T K
N L G H B R T M E V S
Z E Y U T N D M Q U X
H N Q M H V S E O T C
T D Y R D I P R N O T
U E K A K T U H M T V
O A J H X T W M M L L
Y R F C P T I R T R H
L M H A J T Z M K T J
Y E R L M T M D B Z N
P N T E S I R P R U S
T T N T Z T M B L F J
W T N L T D S W E E T

ARDENT
CHARM
COMMITMENT
ENDEARMENT
HUGS
KISMET
RAPTUROUS
SURPRISE
SWEET
YOUTH

R S Y R **A** C R Y H T K
N L G H B R T M E V S
Z **E** Y U T N D M Q U X
H N Q M **H** V S E O T **C**
T D Y R D I P R N O T
U E K A **K** T U H M T V
O A J H X T W M M L L
Y R F **C** P T I R T R H
L M H A J T Z M K T J
Y E **R** L M T M D B Z N
P N T E S I R P R U **S**
T T N T Z T M B L F J
W T N L T D **S** W E E T

PUZZLE NO:59

N J G B L G C C Q T L
N O I T A N I C S A F
C M Q D H E D Q B P T
V P F E K Y L E T Q N
L F H R N F R D U D P
E L X O G O L A D F G
L I V M D J I V K I Q
B N X A G N S H T V R
A G W N T T B B R N Y
R L K E N Y V X N L M
O B O A Z N M T D Q Q
D T L V T B E A U T Y
A P Z N E X H Z M L K

ADORABLE
ADORE
BEAUTY
ENAMORED
FASCINATION
FLING
LOVE
PLANTS
QUAINT
RIDDLE

N J G B L G C C Q T L
N O I T A N I C S A F
C M Q D H E D Q B P T
V P F E K Y L E T Q N
L F H R N F R D U D P
E L X O G O L A D F G
L I V M D J I V K I Q
B N X A G N S H T V R
A G W N T T B B R N Y
R L K E N Y V X N L M
O B O A Z N M T D Q Q
D T L V T B E A U T Y
A P Z N E X H Z M L K

L O V E R N J G Q D N
N X L N C C M J T O A
M S W Q N Q L N I E F
T J S Q M M X T T V F
M M F E R H A F V I E
L L D G F U T N K T C
W E N L T O Q R S C T
R N M A O U R J E A I
F K F Y A V N P S R O
M N R L K Q E Y S T N
I J I C L K P R I T R
K T P D P K M V K A B
Y P I H S D N E I R F

AFFECTION
ATTRACTIVE
FRIENDSHIP
INFATUATION
KISSES
LOVER
LOVER
PROFESS
QUALITY
RED

L O V E R N J G Q D N
N X L N C C M J T O A
M S W Q N Q L N I E F
T J S Q M M X T T V F
M M F E R H A F V I E
L L D G F U T N K T C
W E N L T O Q R S C T
R N M A O U R J E A I
F K F Y A V N P S R O
M N R L K Q E Y S T N
I J I C L K P R I T R
K T P D P K M V K A B
Y P I H S D N E I R F

```
E C N A R B M E M E R
F J F R E V E R E S R
R V Y L J M R Y E C T
Y N S M L U T I Q O R
T F P D O Y L Z S K C
M R A M N I R C T L Y
H K A S L O U E D E X
F T Q T C L B M I R L
V R C T A I D B P E L
Y Q V T K Q N R U V F
R W I B P H X A C E B
G O M Y X Z N C T R T
N K N R K R V E Y E X
```

AMOUR
BONDS
CUPID
EMBRACE
FASCINATE
LILIES
OSCULATION
REMEMBRANCE
REVERE
REVERE

E C N A R B M E M E R

F J F R E V E R E S R

R V Y L J M R Y E C T

Y N S M L U T I Q O R

T F P D O Y L Z S K C

M R A M N I R C T L Y

H K A S L O U E D E X

F T Q T C L B M I R L

V R C T A I D B P E L

Y Q V T K Q N R U V F

R W I B P H X A C E B

G O M Y X Z N C T R T

N K N R K R V E Y E X

PUZZLE NO:62

K Y E N A M O R E D M
G F M R V G B C Y D D
S A J A L R R B K M B
S V T H E U M C V P Q
E O X C O R P V D K M
N R R M H K D E N O B
R I A C R K T Y T B L
E T R M E O I H P F T
D E X P V N E S L N N
N N C E O R H Y S B C
E M D T L R P G Q E J
T R R T J K F Y K V S
E R U T P A R N E Z J

AMOUR
DEVOTED
DREAMY
ENAMORED
ENRAPTURE
FAVORITE
KISSES
LOVER
MOTHER
TENDERNESS

K Y E N A M O R E D M
G F M R V G B C Y D D
S A J A L R R B K M B
S V T H E U M C V P Q
E O X C O R P V D K M
N R R M H K D E N O B
R I A C R K T Y T B L
E T R M E O I H P F T
D E X P V N E S L N N
N N C E O R H Y S B C
E M D T L R P G Q E J
T R R T J K F Y K V S
E R U T P A R N E Z J

B V H G M M M C N B V
C Y R R K K M N V D E
G N P E K R O L B E R
Y C U K R S J X T V S
D R N R I U Y W J O E
N T J A T W T G W L S
A V I T H U B R K E M
C L V R F L R X U B Q
K K R L E J T E W N V
F K O G J N R T K R R
W V N R K B E A U T Y
E A K D M G X F N G T
R N D K S T F I G X N

ANGEL
BEAUTY
BELOVED
CANDY
GIFTS
LIAISON
LOVE
NURTURE
NURTURE
VERSES

B V H G M M M C N B **V**

C Y R R K K M N V D E

G **N** P E K R O L B E R

Y C U K R S J X T V S

D R N R I U Y W J O E

N T J A T W T G W L S

A V I T H U B R K E M

C **L** V R F L R X U **B** Q

K K R L E J T E W **N** V

F K O G J N R T K R R

W V N R K **B** E A U T Y

E **A** K D M G X F N G T

R N D K S T F I **G** X N

```
F R C N P T M H X F N
R A A R S X E R O D A
A D W P B E L L K P K
D M F V T E S R K T N
O I F C G U S S K H R
R R B N J T R B I I T
A A A N Q B E E B K L
B T N N M T W B P T T
L I M R M M O Q X C K
E O R D N N L N M R C
N N K D C Z F W V X L
T V L C A S A N O V A
T L V A L E N T I N O
```

ADMIRATION
ADORABLE
ADORE
ANGEL
CASANOVA
FLOWERS
KISSES
RAPTURE
RIBBON
VALENTINO

F R C N P T M H X F N
R A A R S X E R O D A
A D W P B E L L K P K
D M F V T E S R K T N
O I F C G U S S K H R
R R B N J T R B I I T
A A A N Q B E E B K L
B T N N M T W B P T T
L I M R M M O Q X C K
E O R D N N L N M R C
N N K D C Z F W V X L
T V L C A S A N O V A
T L V A L E N T I N O

R M D N G B Q V J G R
T T L Y L M K D L X L
M S T W M Z M N N H G
D T N E M R A E D N E
V N V S W O O N R P K
G A A P C H R B W T X
Z L L Y S Y E P N K X
L P E C Q E H A A K Y
J B N N J T S D R R B
K V T A X H O R R T Q
G D I F P R R A E K D
K G N M E B M L K V M
V M O W N K H Z L P L

ADORE
ENDEARMENT
FANCY
HEART
MARRY
PLANTS
SWOON
VALENTINO
VERSES

```
R M D N G B Q V J G R
T T L Y L M K D L X L
M S T W M Z M N N H G
D T N E M R A E D N E
V N V S W O O N R P K
G A A P C H R B W T X
Z L L Y S Y E P N K X
L P E C Q E H A A K Y
J B N J T S D R R B
K V T A X H O R R T Q
G D I F P R R A E K D
K G N M E B M L K V M
V M O W N K H Z L P L
```

P T K D E V O T I O N
R C H D M D H K Q E E
O A G P D W V M M N C
F H P N M G M I D Y P
E X F T L T T E S R V
S T P F U T A A L L V
S Y H P H R C L H E X
P G L G M H O X V W N
L H I E E J M U L E N
T N N T B M C J S J D
P T S H R I D D L E K
H R L W M H T M R A W
N O I T A U T A F N I

DEVOTION
ENDEARMENT
INFATUATION
JEWELRY
NIGHTTIME
PROFESS
RAPTUROUS
RIDDLE
SACHETS
WARMTH

```
N O I T C A R T T A N
S E I L I O D W M O N
P R E C I O U S I L O
Q N T T M T C T E T I
K U F M Z G A D N M T
M J A F M R D P R N O
L S M L A L L H A N V
K J T L I A L S P Q E
N K C N N T X E T Z D
X E K T A R Y S U M K
D W S G X L W R R N H
N R T R N L P E E D X
Z B L T K L J V L T C
```

ATTRACTION
DECLARATION
DEVOTION
DOILIES
ENRAPTURE
PLANTS
PLANTS
PRECIOUS
QUALITY
VERSES

N O I T C A R T T A N
S E I L I O D W M O N
P R E C I O U S I L O
Q N T T M T C T E T I
K U F M Z G A D N M T
M J A F M R D P R N O
L S M L A L L H A N V
K J T L I A L S P Q E
N K C N N T X E T Z D
X E K T A R Y S U M K
D W S G X L W R R N H
N R T R N L P E E D X
Z B L T K L J V L T C

M H T W H K N F F E M
T M C D M P M V S N P
N R S W E E T U M D R
E A N A N V R V S E N
M H K T R P B U N A R
T C W H R D O L R R N
I N F I T R E T M M K
M V S P U U E N P E Q
M E J T C M O N T N D
O W P R S P R Y V T Y
C A R I F V K K N R N
R T K C Z S G U H N C
N K N C D T W V W K R

ARDENT
CHARM
COMMITMENT
ENDEARMENT
HUGS
KISMET
RAPTUROUS
SURPRISE
SWEET
YOUTH

V N K M M N R K X B E
Z L M M K T S K R R Q
G B E A U T Y N O U Q
J Z L W N N M D A K R
W R E A D Q A I W R N
K G L P E E N K N X T
Q P B Q R T L J R Q M
B K A C O F H D F P Y
J P R M M L L T D R Z
L M O K A I F O C I P
K N D Y N N L Y V H R
C Z A J E G B N X E V
N O I T A N I C S A F

ADORABLE
ADORE
BEAUTY
ENAMORED
FASCINATION
FLING
LOVE
PLANTS
QUAINT
RIDDLE

V N K M M N R K X B E
Z L M M K T S K R R Q
G B E A U T Y N O U Q
J Z L W N N M D A K R
W R E A D Q A I W R N
K G L P E E N K N X T
Q P B Q R T L J R Q M
B K A C O F H D F P Y
J P R M M L L T D R Z
L M O K A I F O C I P
K N D Y N L Y V H R
C Z A J E G B N X E V
N O I T A N I C S A F

```
F A Y R T L M N R N E
P Y F P T L H L R V K
I T L F R T N L I L N
H V K E E C H T L O Z
S Q D M L C C Z I V B
D D U T M A T T D E R
N N P A R R A I D R S
E M N T L U M L O S E
I K T V T I N J E N S
R A T A F Q T F M Z S
F G F V M R O Y L M I
C N T Y C R Z Y T T K
I T N W P L O V E R M
```

AFFECTION
ATTRACTIVE
FRIENDSHIP
INFATUATION
KISSES
LOVER
LOVER
PROFESS
QUALITY
RED

```
L M R B T Y L W M L Y
O S C U L A T I O N N
N C Z M E C A R B M E
G L G J T J P M B N C
Y C N W R E V E R E N
Q U K Z J K W R T J A
R P B K V L U A H H R
X I F Y I O N E M P B
B D G L M I H R X F M
R O I A C G N E M C E
D E N S L H K V P W M
S L A D T P C E Z K E
D F N V S P B R K F R
```

AMOUR
BONDS
CUPID
EMBRACE
FASCINATE
LILIES
OSCULATION
REMEMBRANCE
REVERE
REVERE

L M R B T Y L W M L Y
O S C U L A T I O N N
N C Z M E C A R B M E
G L G J T J P M B N C
Y C N W R E V E R E N
Q U K Z J K W R T J A
R P B K V L U A H H R
X I F Y I O N E M P B
B D G L M I H R X F M
R O I A C G N E M C E
D E N S L H K V P W M
S L A D T P C E Z K E
D F N V S P B R K F R

E N A M O R E D F Q H
J F M Y J N V T M L W
T A D F L R L Z Z P D
R V N F G E P T D E D
N O F G R V M N N D F
K R D C K O R R E L R
Y I E P L L A T L U C
M T S H F P O C O W B
A E K S T V C M W Q K
E L W U E O A F N W V
R T R D K S M Z C L Y
D E F L Z T G L N K K
S S E N R E D N E T K

AMOUR
DEVOTED
DREAMY
ENAMORED
ENRAPTURE
FAVORITE
KISSES
LOVER
MOTHER
TENDERNESS

B E A U T Y M R Z L R
F L K E J V L X E W N
L B X N R O J G T O X
N N M D V U N V S N V
X J U E W A T I H Z E
C N C R F L A R N N R
D X C V T I R G U N S
E R P J L U N C N N E
V K X Y X Y R Z R F S
O H G D R D G E R T C
L B K V M N P N D X R
E M J K G A L D N R Q
B J B G C C S T F I G

ANGEL
BEAUTY
BELOVED
CANDY
GIFTS
LIAISON
LOVE
NURTURE
NURTURE
VERSES

B E A U T Y M R Z L R
F L K E J V L X E W N
L B X N R O J G T O X
N N M D V U N V S N V
X J U E W A T I H Z E
C N C R F L A R N N R
D X C V T I R G U N S
E R P J L U N C N N E
V K X Y X Y R Z R F S
O H G D R D G E R T C
L B K V M N P N D X R
E M J K G A L D N R Q
B J B G C C S T F I G

W M A T F K H L F L E
Q A V D E S I N M L T
L D O M G R M S B P W
X M N K D E O A S C N
J I A F D W R D K E P
L R S G N O D D A R S
D A A Z D L B L T R L
M T C A H F E T A Z W
N I Y R Q G N P Z T L
M O F J N G T W N X W
P N B A B U J H L J W
X N X J R N O B B I R
V A L E N T I N O Q N

ADMIRATION
ADORABLE
ADORE
ANGEL
CASANOVA
FLOWERS
KISSES
RAPTURE
RIBBON
VALENTINO

W M A T F K H L F L E
Q A V D E S I N M L T
L D O M G R M S B P W
X M N K D E O A S C N
J I A F D W R D K E P
L R S G N O D D A R S
D A A Z D L B L T R L
M T C A H F E T A Z W
N I Y R Q G N P Z T L
M O F J N G T W N X W
P N B A B U J H L J W
X N X J R N O B B I R
V A L E N T I N O Q N

P E X R M F N M M H G
W K N L R H L C L E J
R T C D F S X C C A J
V M M K E B T K K R F
V A W M T A G N Y T A
X F L K L H R R A D G
B B N E P K R M O L C
T R Y N N A G R E W P
Y V C M M T E R B N T
P N N N L K I H B H T
N C A H T R R N P Q X
R C F S W O O N O L P
G K N S E S R E V M M

ADORE
ENDEARMENT
FANCY
HEART
MARRY
PLANTS
SWOON
VALENTINO
VERSES

P E X R M F N M M H G
W K N L R H L C L E J
R T C D F S X C C A J
V M M K E B T K K R F
V A W M T A G N Y T A
X F L K L H R R A D G
B B N E P K R M O L C
T R Y N N A G R E W P
Y V C M M T E R B N T
P N N N L K I H B H T
N C A H T R R N P Q X
R C F S W O O N O L P
G K N S E S R E V M M

```
N O I T A U T A F N I
D E V O T I O N E E K
S F L D F N R M N G N
S R C H B P I D C S V
E L L N T T E L U V W
F H M Z T A Y O H W H
O G R H R M R S Y M T
R J G M M U L A G R M
P I E N T W E C G W R
N N D P M J W H F X A
T J A D N J E E K Z W
C R L T L D J T K M B
D X P C W E C S L F N
```

DEVOTION
ENDEARMENT
INFATUATION
JEWELRY
NIGHTTIME
PROFESS
RAPTUROUS
RIDDLE
SACHETS
WARMTH

N O I T A U T A F N I

D E V O T I O N E E E K

S F L D F N R M N G N

S R C H B P I D C S V

E L L N T T E L U V W

F H M Z T A Y O H W H

O G R H R M R S Y M T

R J G M M U L A G R M

P I E N T W E C G W R

N N D P M J W H F X A

T J A D N J E E K Z W

C R L T L D J T K M B

D X P C W E C S L F N

```
K J A D M R K W B X J
N G T V E L Q W K H P
H X T S T V R P N R N
V D R E S V O T D O J
T B A S H E N T I V E
Q S C R Q P I T I N Q
U T T E Y K A L R O L
A N I V N R R A I T N
L A O X A X P V Y O K
I L N L X T M R Q T D
T P C R U S T N A L P
Y E P R E C I O U S B
D Z E N L R L F W H R
```

ATTRACTION
DECLARATION
DEVOTION
DOILIES
ENRAPTURE
PLANTS
PLANTS
PRECIOUS
QUALITY
VERSES

```
E H K L D M V W P P P
N T N Y G N S W E E T
D U T W J K K P S R M
E O S M N C Y U P C R
A Y M G K T O M O B A
R F A F U R H M N T H
M Q N R U H M L E T C
E K C T D I F M F W Y
N P T T E S R V J R
T A N M K I N Z L Y T
R Z E D K R M T Z P Z
Y N E S I R P R U S R
T N K L G J J Y T F H
```

ARDENT
CHARM
COMMITMENT
ENDEARMENT
HUGS
KISMET
RAPTUROUS
SURPRISE
SWEET
YOUTH

N O I T A N I C S A F
F T K C P W K T N E R
T D X T B E N T R M Q
L E F R K A L O J N E
F R L K L H D D T T L
F O I P K A M R D P B
K M N B E A U T Y I A
H A G L D N N L W Q R
J N T M Y T J T U Y O
H E B J L G K A N H D
K C T R R O I C B N A
R D L Q M N V X L P Q
M W Y K T H J E K M M

ADORABLE
ADORE
BEAUTY
ENAMORED
FASCINATION
FLING
LOVE
PLANTS
QUAINT
RIDDLE

PUZZLE NO:1

N E V I T C A R T T A
F N T D G Q M M V W N
R S L R K N M N H O N
I E R O M T G T I L T
E S L O V E R T R P Q
N S K L Q E A F R U G
D I H K F U R O A Y P
S K T N T T F L F T Q
H X W A L E I D M N P
I N F L S T Z B N L H
P N R S Y M K C D C N
I M J R L K C P J E F
N O I T C E F F A M R

AFFECTION
ATTRACTIVE
FRIENDSHIP
INFATUATION
KISSES
LOVER
LOVER
PROFESS
QUALITY
RED

E C N A R B M E M E R
D O E P D T P M R L K
T S R K D G K N Y S R
E C E Y Z R E V E R E
T U V T N R D I Y K L
A L E C C C L I B Y Y
N A R N E I R O P H K
I T T P L M N J M U R
C I H C M D B R C H C
S O R P S J U R J J L
A N Y T R O X Z A T C
F P P T M D L Z Z C N
N K M A T L H C F F E

AMOUR
BONDS
CUPID
EMBRACE
FASCINATE
LILIES
OSCULATION
REMEMBRANCE
REVERE
REVERE

E S S E N R E D N E T
R Q Q C R P B F Z R X
U J T U R B R T K N M
T K O K T R R F D D P
P M E N A M O R E D C
A F H D F K E N G L V
R A H K M A I B J D N
N V R R M R T S E V Q
E O T Y T R E T S L L
F R R J Y E O H P E X
V I C J N V T N T N S
T T L F E O D L W O N
R E L D J L M T T M M

AMOUR
DEVOTED
DREAMY
ENAMORED
ENRAPTURE
FAVORITE
KISSES
LOVER
MOTHER
TENDERNESS

S T F I G B N H H R X
M Q D H W M D L B M C
L Z J K Q V R J Z L K
V E B T B E A U T Y N
E D R P D K N W N O L
R N R U K C R W S O Y
S R U N T Q R I V D D
E N M R L R A E W E N
S V W E T I U M D V A
Z Q G X L U C N T O C
T N Q L W L R M Z L Q
A N Q T Q X J E B E V
X C K H D Y K D N B V

ANGEL
BEAUTY
BELOVED
CANDY
GIFTS
LIAISON
LOVE
NURTURE
NURTURE
VERSES

S T F I **G** B N H H R X

M Q D H W M D L B M C

L Z J K Q V R J Z L K

V E B T **B** E A U T Y **N**

E D R P D K N W N O **L**

R **N** R U K C R W S O Y

S R U N T Q R I V D

E N M R L R A E W E N

S V W E T I U M D V N A

Z Q G X **L** U C **N** T O **C**

T N Q L W L R M Z L Q

A N Q T Q X J E B E V

X C K H D Y K D N **B** V

L A Z R C B C F R J T
Y D V A L E N T I N O
L M L B P M J E T T R
T I C X Y M R H L A L
V R D C G O R M P F K
P A X W D K L T S P C
K T B A Z E U N R T A
N I K Y G R B O E Q S
Z O S N E N R B W L A
Q N A S G T M B O P N
T T T K E K F I L R O
H B G G H S Y R F C V
E L B A R O D A W L A

ADMIRATION
ADORABLE
ADORE
ANGEL
CASANOVA
FLOWERS
KISSES
RAPTURE
RIBBON
VALENTINO

L A Z R C B C F R J T
Y D V A L E N T I N O
L M L B P M J E T T R
T I C X Y M R H L A L
V R D C G O R M P F K
P A X W D K L T S P C
K T B A Z E U N R T A
N I K Y G R B O E Q S
Z O S N E N R B W L A
Q N A S G T M B O P N
T T T K E K F I L R O
H B G G H S Y R F C V
E L B A R O D A W L A

```
F C L M B B N L M T K
S E L E R O D A L M T
T Y N M M Y V F X T P
N C N D X C N B T W N
A F B M E N R J M V H
L K K F Y A Y L A R E
P F S R N F R L T T A
X N R E L Z E M K P R
Q A B W S N M F E M T
M K N P T R M Q J N X
X C V I Y R E Q Y W T
J G N L K M R V K W P
T O S W O O N B V L X
```

ADORE
ENDEARMENT
FANCY
HEART
MARRY
PLANTS
SWOON
VALENTINO
VERSES

F C L M B B N L M T K
S E L E R O D A L M T
T Y N M M Y V F X T P
N C N D X C N B T W N
A F B M E N R J M V H
L K K F Y A Y L A R E
P F S R N F R L T T A
X N R E L Z E M K P R
Q A B W S N M F E M T
M K N P T R M Q J N X
X C V I Y R E Q Y W T
J G N L K M R V K W P
T O S W O O N B V L X

D W X R H N W R V T S
T R H T M R A W B S L
N N E R P R Q C E M C
E O M L L W T F S R Z
M I I R P Y O H U I X
R T T X J R J V O D D
A A T T P L W G R D E
E U H V K E M B U L V
D T G W L W Q F T E O
N A I P X E K B P M T
E F N R K J R X A B I
K N T G T D W Q R P O
P I M S A C H E T S N

DEVOTION
ENDEARMENT
INFATUATION
JEWELRY
NIGHTTIME
PROFESS
RAPTUROUS
RIDDLE
SACHETS
WARMTH

D W X R H N W R V T S

T R H T M R A W B S L

N N E R P R Q C E M C

E O M L L W T F S R Z

M I I R P Y O H U I X

R T I X J R J V O D D

A U T T P L W G R D E

E T H V K E M B U L V

D A G W L W Q F T E O

N T I P X E K B P M T

E F N R K J R X A B I

K N T G T D W Q R P O

P I M S A C H E T S N

```
E N R A P T U R E P P
A K N T P S W L D H N
T B Z Z L E W T R R N
T D G J A S M T G O Q
R K T N N R M F I X U
A H D D T E M T N P A
C R W E S V A G L T L
T R T R V R L A F D I
I K N C A O N W H K T
O R L L V T T R G R Y
N G C X S N T I K Y L
G E W S E I L I O D P
D P R E C I O U S N R
```

ATTRACTION
DECLARATION
DEVOTION
DOILIES
ENRAPTURE
PLANTS
PLANTS
PRECIOUS
QUALITY
VERSES

PUZZLE NO:88

B L T M Y M P D F C R
G F G R T R J P O Q G
Q B D A T P M M P S E
T F M H K S M C U F N
K L L C W I G O L T D
N X P A T N R U E T E
T T K M R U P M H Q A
S W E E T D S P K Z R
H N L P F I E T D C M
T X A C K T R N W W E
U R B P R R B G T Z N
O V B D M K L K D H T
Y E S I R P R U S P T

ARDENT
CHARM
COMMITMENT
ENDEARMENT
HUGS
KISMET
RAPTUROUS
SURPRISE
SWEET
YOUTH

B L T M Y M P D F C R
G F G R T R J P O Q G
Q B D A T P M M P S E
T F M H K S M C U F N
K L L C W I G O L T D
N X P A T N R U E T E
T T K M R U P M H Q A
S W E E T D S P K Z R
H N L P F I E T D C M
T X A C K T R N W W E
U R B P R R B G T Z N
O V B D M K L K D H T
Y E S I R P R U S P T

PUZZLE NO:89

M N T V B E A U T Y V
N O I T A N I C S A F
V C N F D M K J R L Q
K L F L E X L L J U R
Q E T I R E R O A V R
V L K N O T L I V C G
N B M G M L N D V E S
M A W V A T Q G D T C
P R D X N T E M N I M
H O R T E R T A V K R
J D L K O Z L M V N W
D A K D X P T Z R K G
Q R A T C D B T K D B

ADORABLE
ADORE
BEAUTY
ENAMORED
FASCINATION
FLING
LOVE
PLANTS
QUAINT
RIDDLE

PUZZLE NO:1

```
Q L O V E R L J P Q N
A M Q X W L H B R O V
V T K C O H M M I S C
S W T V V H V T L E A
S Y E R G N A C X S F
E R T N A U F C D S F
F L T I T C M X H I E
O M X A L L T K C K C
R P F N F A N I D N T
P N H N M Y U E V T I
I H L L X H R Q G E O
P I H S D N E I R F N
K W G T D T M Z P V C
```

AFFECTION
ATTRACTIVE
FRIENDSHIP
INFATUATION
KISSES
LOVER
LOVER
PROFESS
QUALITY
RED

PUZZLE NO:91

O K G W E H D K D F T
S E W J N M Y I A B T
C C S D N O B S P N M
U N Y T Q F C R S U D
L A Z C M I U E A X C
A R N M N O I C L C Z
T B R A M L L H K C E
I M T A I R E V E R E
O E R L X D R T Z K L
N M J D K F E W M T M
L E X G V T V P C R K
M R W X Q T E L M L R
Q Z C M W Z R P F N P

AMOUR
BONDS
CUPID
EMBRACE
FASCINATE
LILIES
OSCULATION
REMEMBRANCE
REVERE
REVERE

N X L E N A M O R E D
J Y K W G P D D T N W
W L P I L X E P R H K
E P Z F S T T U X T F
Y R J H O S O G E P A
M N U V V M E N H N V
A P E T A R D S T V O
E D Y W P E G Y W L R
R D G Y R A Z P Y D I
D R Q N E T R W L J T
N J E F V T C N Y M E
D S X Y O G D W E B D
S N L B L R E H T O M

AMOUR
DEVOTED
DREAMY
ENAMORED
ENRAPTURE
FAVORITE
KISSES
LOVER
MOTHER
TENDERNESS

N X L E N A M O R E D

J Y K W G P D D T N W

W L P I L X E P R H K

E P Z F S T T U X T F

Y R J H O S O G E P A

M N U V V M E N H N V

A P E T A R D S T V O

E D Y W P E G Y W L R

R D G Y R A Z P Y D I

D R Q N E T R W L J T

N J E F V T C N Y M E

D S X Y O G D W E B D

S N L B L R E H T O M

N G J S T F I G W P H
B E A U T Y V T W R K
G Q L J L K R L L M B
D T M O N G C D T J L
E K V E J U V G L K R
V E V Y R M R E C K M
O D E D Z U G T N R J
L N R N Q N T O U W T
E W S A A K S R J R Z
B V E C N I N F U L E
J W S T A Q R C F N X
L P B I T K N Y L P L
K Z L Z N Y W R M R N

ANGEL
BEAUTY
BELOVED
CANDY
GIFTS
LIAISON
LOVE
NURTURE
NURTURE
VERSES

N G J S T F I G W P H
B E A U T Y V T W R K
G Q L J L K R L L M B
D T M O N G C D T J L
E K V E J U V G L K R
V E V Y R M R E C K M
O D E D Z U G T N R J
L N R N Q N T O U W T
E W S A A K S R J R Z
B V E C N I N F U L E
J W S T A Q R C F N X
L P B I T K N Y L P L
K Z L Z N Y W R M R N

E Y W K J M H T P H X
R S L L Q N R L N A W
O R N T R K E D D P A
D E Q W K G T O W V D
A W Z Z N I R B O N M
K O C A N A S N T G I
T L F M B O A S R C R
N F P L N S B T E V A
Q N E R A K N B R S T
W N T C T N L D I W I
V A L E N T I N O R O
M N J T Z D F T R D N
E R U T P A R Y K M W

ADMIRATION
ADORABLE
ADORE
ANGEL
CASANOVA
FLOWERS
KISSES
RAPTURE
RIBBON
VALENTINO

```
S W O O N W C R F G N
P B E R O D A X N Z V
Z H S V M H L R N A F
R E T H W E T H L V B
Q C N L R A W E D Z R
T R A D M R N N M D X
M V L G E T V Y X G R
R S P B I A R K B G Y
W F E N G R R F Y L C
T P O S A L X M X B N
G T T M R V Y X E R A
Q T T K R E T Q W N F
K T W V L J V K P K T
```

ADORE
ENDEARMENT
FANCY
HEART
MARRY
PLANTS
SWOON
VALENTINO
VERSES

PUZZLE NO:96

D T Y K G K L Z F K E
V N R N B L C C W M M
M E L A C H N W I V S
M M E H P N T T R A K
T R W H J T T M C T E
P A E K X H U H R L Q
R E J X G L E R D A K
O D L I N T L D O R W
F N N Y S C I D Y U Y
E E F M G R D C D R S
S M Y D E V O T I O N
S R N W N H Y V V K D
N O I T A U T A F N I

DEVOTION
ENDEARMENT
INFATUATION
JEWELRY
NIGHTTIME
PROFESS
RAPTUROUS
RIDDLE
SACHETS
WARMTH

```
M P K W R C G T S S Z
A R T K P N N U W T R
T Z Z W Q O O F C N W
T N N P T I D Y E A D
R G K N C T O Y N L L
A B W E R A I Q R P S
C Z R S T R L U A T T
T P K E L A I A P L N
I B Q S T L E L T V A
O F W R G C S I U R L
N W R E W E Y T R L P
R B K V J D J Y E Q Q
D E V O T I O N F R V
```

ATTRACTION
DECLARATION
DEVOTION
DOILIES
ENRAPTURE
PLANTS
PLANTS
PRECIOUS
QUALITY
VERSES

M P K W R C G T S S Z
A R T K P N N U W T Z R
T Z Z W Q O O F C N R W
T N N P T I D Y E N A D
R G K N C T O Y N A L L
A B W E R A I Q R P R S
C Z R S T R L U A P T N
T P K E L T A I L U T L A
I B Q S T L E L P V L N
O F W R G C S I U R L A
N W R E W E Y T R L L P
R B K V J D J Y E Q Q
D E V O T I O N F R V

PUZZLE NO:98

A R L Q T Q Y T B S K
T R L K K H E T U L P
N N D H R M T O L S Y
E E P E S N R U U W T
M N R I N U K R O M H
T D K R T T P D Y Y M
I E D P H R F K N L G
M A A F I M R Z T Z P
M R T S R R Q S G U H
O M E J J A S W E E T
C E R M L H C D R N F
D N R N C C K W M H N
H T N G Z W N X G W L

ARDENT
CHARM
COMMITMENT
ENDEARMENT
HUGS
KISMET
RAPTUROUS
SURPRISE
SWEET
YOUTH

J C L L T E M T Q T N
Z G M O E F L K H R K
N X J R V C L D L Y S
J M O D E E D H D T M
Y D F E L D C J N I Q
A G L R B X F A L U R
F B D O A B L P A H M
G M D M R P D I J W F
T R N A O M N R D W L
Y L B N D T G M M T I
Y D R E A D K N K Q N
B E A U T Y K D B M G
N O I T A N I C S A F

ADORABLE
ADORE
BEAUTY
ENAMORED
FASCINATION
FLING
LOVE
PLANTS
QUAINT
RIDDLE

J C L L T E M T Q T N
Z G M O E F L K H R K
N X J R V C L D L Y S
J M O E E D H D T M
Y D F E L D C J N I Q
A G L R B X F A L U R
F B D O A B L P A H M
G M D M R P D I J W F
T R N A O M N R D W L
Y L B N D T G M M T I
Y D R E A D K N K Q N
B E A U T Y K D B M G
N O I T A N I C S A F

T K V Q L C V Q N I L
A R Q Z L R R U T N P
D F G N E W M A L F I
H R F V D L M L H A H
C L O E O E J I Y T S
Y L D V C Z R T D U D
N L E S Q T L Y J A N
R R R E Z B I D R T E
Y K R S T J C O K I I
Y N L S Y N B J N O R
L R M I R G T C R N F
M C T K S S E F O R P
A T T R A C T I V E N

AFFECTION
ATTRACTIVE
FRIENDSHIP
INFATUATION
KISSES
LOVER
LOVER
PROFESS
QUALITY
RED

T K V Q L C V Q N I L
A R Q Z L R R U T I P
D F G N E W M A L N I
H R F V D L M L H F H
C L O E O E J I H A S
Y L D V C Z R T T D
N L E S Q T L Y I U N
R R R E Z B I D R A E
Y K R S T J C O K T I
Y N L S Y N B J N I R
L R M I R G T C R O N
M C T K S S E F O R P
A T T R A C T I V E N

9 781655 313882